Katalog zum
Erfahrungsfeld
Freudenberg

Jolanda Rodio gewidmet.

Herausgeber:
Gemeinnützige Gesellschaft Natur+Kunst e.V.
Schloß Freudenberg
Wiesbaden, 1997

Verantwortlich für Texte und Redaktion:
Matthias Schenk
Herstellung:
Uli Mann, Bernd Rensinghoff
Zeichnungen, Skizzen, Schriftbilder:
Hugo Kükelhaus, Matthias Schenk

ISBN 3-929198-19-3

beerenverlag, Wiesbaden

Liebe Erfahrungsfeldbesucherin, lieber Besucher!

Was und wen sucht man bei seinem Besuch? Was will man finden?

Ihnen bei Ihrem Aufenthalt im Schloß Freudenberg mögliche Wege zu weisen, ist der Sinn dieses Büchleins. Es ist gedacht als ein Leitfaden durch das Erfahrungsfeld Freudenberg und will Sie gleichzeitig einladen, eigene Erfahrungen, Wahrnehmungen und Eindrücke festzuhalten!

Wir laden Sie ein, sich zunächst für einen der folgenden „Wege" zu entscheiden:

Der Feldweg
Sie genießen Sonne, Wind und die Landschaft rund um das Freudenberger Schloß.

Das Bauen ist der Bau
Wir lenken ihre Aufmerksamkeit auf die Architektur des Schlosses.

Leben ist Schwingung
Dieser Erfahrungsweg widmet sich
zunächst den Pendelstationen.

Die Reise zum Regenbogen
Dieser Erfahrungsweg erfordert einige
Aufmerksamkeit und Geduld, denn zum
einen erschließen sich diese Phänomene
nicht immer auf den ersten Blick und
zum andern „springen" Sie von Station
zu Station durch das Erfahrungsfeld.

Wer nicht hören will muß fühlen
Vom Hören zum Lauschen,
vom Gehör zum Gehorsam,
vom Zuhören und Aufhören.

Ad libidum

Frage

nach dem Durchgang:

Wo ist der
„rote Faden",
der alles zu=
sammen hält?

Antwort:

Der rote Faden
ist man selbst.

Es ist der Organismus als
Ganzes, der die Organe zu=
sammen hält. Solange ich den
„roten Faden" statt in mir selbst,
woanders suche, lebe ich nur bruch=
stückhaft mit mir selbst ...

Der Feldweg

Sie verlassen das Schloß über die Treppenanlage auf der Südseite und gelangen zur ersten Station: **Schaukeln im Duett**

A und B sitzen Auge in Auge auf ihrem Brett. Die Füße berühren den Boden nicht. Sie halten die Schaukel ruhig.

A bringt die Schaukel in Schwung. B verhält sich passiv. Nach Erreichen seines höchsten Punktes stellt A das Schaukeln ein. Er verhält sich von nun ab passiv.

B gerät, obwohl passiv, durch den abklingenden Schwung von A ganz ohne eigenes Zutun in Schwung. A dagegen kommt momentweise zum Stillstand.

Nun erlahmt auch, bis fast zum Stillstand, die Schwingung von B. Gleichzeitig aber gerät A, obwohl passiv, wieder in Schwung.

Die Schaukel pendelt solange, bis die Reibung den Impuls des Anfangs aufgezehrt hat. Erst wenn A und B sich in diesen Rhythmus eingefühlt haben, können sie durch rhythmische Eigen-Anstöße den Reibungseffekt wettmachen, um beliebig lange mit wachsendem Genuß zu schaukeln.

Schaukeln im Duett ☉

A und B sitzen Auge in Auge auf ihrem Brett. Die Füße berühren den Boden nicht. Sie halten die Schaukel ruhig.

A bringt die Schaukel in Schwung. B verhält sich passiv. Nach Erreichen seines höchsten Punktes stellt A das Schaukeln ein. Er verhält sich von nun ab passiv.

B gerät, obwohl passiv, durch den abklingenden Schwung von A ganz ohne eigenes Tun in Schwung. A dagegen kommt momentweise zum Stillstand.

Nun erlahmt auch, bis fast zum Stillstand, die Schwingung von B. Gleichzeitig aber gerät A, obwohl passiv, wieder in Schwung.

Die Schaukel pendelt solange, bis Reibung den Impuls des Anfangs aufgezehrt hat. Erst wenn A und B sich in diesen Rhythmus eingefühlt haben, können sie durch rhythmische eigene Anstöße den Reibungsverlust wettmachen, um beliebig lange mit wachsendem Genuß zu schaukeln.

Im Gleichgewicht – mit mir, den anderen und der Umgebung

Versuchen Sie, zunächst auf den kleinen Holzscheiben Ihr Gleichgewicht zu finden. Mit geöffneten Augen, mit geschlossenen Augen … mit Blick auf Ihre Füße, mit Blick – gleich einer Seiltänzerin – in die Ferne.
Dann steigen Sie auf die große Taumelscheibe.
Versuchen Sie, die Scheibe in der Waage zu halten. Allein, mit einer Gruppe. Bei einem gleichmäßigen-rhythmischen Schwingen kann man die Scheibe sogar in Drehung versetzen. Dabei erleben Sie die Wirkung der Zentripetal- und Zentrifugalkräfte.

Bernhard von Clairvaux
1090 – 1153

ALIQUID AMPLIUS
INVENIES IN SILVIS
QUAM IN LIBRIS
LIGNA ET LAPIDES
DOCEBUNT QUOD
A MAGISTRIS
AUDIRE NON
POSSIS.

Ergehe dich des öfteren
in Wäldern,
statt in Büchern,
Bäume und Steine
lehren dich, was du
von Magistern
nicht
hören kannst.

Erfahrungsfeld Geomantie

Dank der besonderen Lage des Schloßparks werden nach und nach einzigartige Orte und Plätze entdeckt. Die Beschilderung „Erfahrungsfeld Geomantie" führt Sie bei Ihrem Spaziergang zu einem „Ort der Kraft", zu Blitz- und Zwieselbäumen, zu Störfeldern und zu einer Krebsbirke. Die jeweiligen Plätze sind mit Erläuterungstafeln versehen.

Geomantie ist die alte Wissenschaft von den Wechselbeziehungen zwischen Erde und Kosmos. Sie entstand aus dem Ge-Wissen, daß alle Lebewesen unter dem Einfluß von Himmel und Erde stehen.

Das Erfahrungsfeld Geomantie will Ihnen Möglichkeiten für eine verfeinerte Wahrnehmung der uns umgebenden Natur- und Kulturlandschaft eröffnen.

Die Grundlage für dieses Erfahrungsfeld bilden die Arbeits- und Forschungsergebnisse sowie Mutungen der Bezirksgruppen Hessen und Rheinland-Pfalz der Deutschen Gesellschaft für Geobiologie mit der Fachschaft Deutscher Rutengänger, dem Künstler und Heiler Marko Pogacnik und der Schule für Geomantie Hagia Chora.

Eingang

↑N

Summstein

Barfusweg

Stehdreher
Brennglas

Balancier-
scheiben — Partnerschaukel

Lagerplatte

⋕ Störfeld

YY Zwieselbäume

Aussicht

O.A. der Kraft Blitzbaum

Lagerplatz

Eine kleine Geschichte zur Zähmung des Feuers.
Die Feuerstelle – nur begrenzt von Steinen – lädt ein, hier zu lagern, sich zu wärmen und Geschichten zu erzählen.
Im Lehmofen wird in der Brennkammer ein Feuer unterhalten, um dann in dieser Höhlung zu backen und zu trocknen (Holzofenbrot, Dörrobst).
Am „Küchenherd" können wir auf der Herdplatte „ungefährlich" kochen, braten, warm halten …
Ist der Zug stark genug, dann schiessen die Flammen aus dem Herd nach unten und bringen Warmluft in die „Sitzbank".

Ab Seite 114 finden Sie einen Lageplan von Schloß und Park Freudenberg.

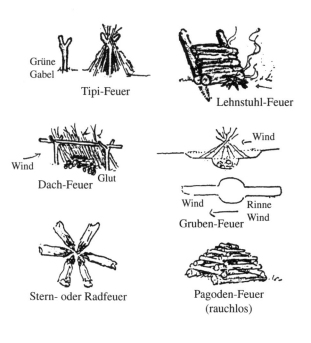

„Sechs Arten ein Lagerfeuer zu brennen",
aus „Das Wigwam-Buch", 1921

Das Tor zum Rheingau

Nun folgen Sie dem Weg hinunter zum Waldrand und blicken über das Feld in das „Tor zum Rheingau".
Die Aussicht zeigt das Örtchen Frauenstein mit dem Aussichtsturm „Goethe-Stein" und dem Ausflugsrestaurant „Nürnberger Hof" (mit Windrad).
„Es ist jener Ort auf der Anhöhe unweit dem Nürnberger Hof, wo dem berühmten Ausflügler der legendäre Fehltritt mit der siebzehn Jahre alten herzoglich nassauischen Hofkammerschreiberstochter Philippine Lade passiert ist.
Der alte Herr ist an dieser Stelle, als er dem jungen Ding, den Weinberg hinauf, hinterherlief, zu Sturz gekommen. Übrigens verlor er nur das Gleichgewicht, nicht die Contenance: Kein Fluchwort über das Mißgeschick ist überliefert, nur herzhaftes Lachen. Philippinchen hingegen, die sich an der Panne schuldig wähnte, brach in Tränen aus. Was war geschehen? Goethe, der in seiner Wiesbadener Zeit viel im Hause des nassauischen Oberbergrates Ludwig Wilhelm Cramer verkehrte (mit dem ihn vor allem das gemeinsame Interesse an der Gesteinskunde verband), lernte dort, als Freundin der Cramer-Töchter, die hübsche Philippine Lade kennen. Man ging miteinander spazieren, besuchte zusammen das Theater, Goethe unterwies

die fast fünfzig Jahre Jüngere in die Kunst des Deklamierens und ließ es auch sonst nicht an Bildung und Belehrung fehlen. Auf jene Landpartie nach Frauenstein hatte man das Zeichenbrett mitgenommen: Philippine versuchte sich an einer Skizze nach der Natur, Goethe mäkelte an dem Resultat herum, die verärgerte Künstlerin, der ständigen Bevormundung müde, lief ihrem Beckmesser davon, der ihr nach, und schon war's passiert. Ja, das kommt davon, wenn man als Fünfundsechzigjähriger die Siebzehnjährigen „hascht" … Das Denkmal, das man am Schauplatz des berühmten Fehltritts errichtet hat, ist nobel genug, sich auf das Klägliche des Anlasses nicht einzulassen. Und doch – keiner, der es aufsucht, spricht von etwas anderem: Die Schadenfreude ist stärker.

Übrigens ist es ein durchaus interessantes Denkmal. Es ist in Art einer Pyramide errichtet – ein Wiesbadener Bürger, Sämereihändler seines Zeichens, hatte den Anstoß dazu gegeben. Diesem Herrn Mollath, offenbar einem profunden Kenner von Goethes Werken, hatte es ein Wort des dreißigjährigen Dichters besonders angetan: „Diese Begierde, die Pyramide meines Daseins, deren Basis mir angegeben und gegründet ist, so als möglich in die Luft zu spitzen, überwiegt alles andere." Und so machten sich die Wiesbadener daran, Goethes Lebensgesetz in Stein zu hauen."

(aus Ditmar Grieser, „Goethe in Hessen", Inselverlag)

Auf den Punkt gebracht

Wir kehren zum Schloß zurück und folgen dem Weg an der Westseite des Hauses vorbei.
Ein **Brennglas** ist so gelagert, daß man es genau zur Sonne hin ausrichten kann.
Wo befindet sich der Brennpunkt? Ein Blatt oder ein Stück Holz entsprechend gehalten, und mit etwas Geduld läßt sich hier herrlich kokeln.

Der Stehdreher

Eine Skulptur von Vincenzo Baviera (Zürich, 1994)
„Es ist eine Geschichte, die an elementare Bedürfnisse anknüpft und einfach wie ein Märchen ist für mich. Die Archetypen Haus – für Schutzbedürfnis – und Ring - für die Lebenszyklen von Werden und Vergehen – sind in der Skulptur vereint." Vincenzo Baviera

Der Barfußweg

Beim Barfußgehen, geführt und mit geschlossenen Augen, über das Relief dieses Waldweges erleben wir eine wohltuende Massage unserer Fußsohlen: Am Ende ist man wie neugeboren.
Der Zusammenhang von Fuß-Sohle mit dem Gesamtorganismus wird in der Fuß-Sohlen-Reflex-Massage therapeutisch wirksam.
Im Aramäischen und im Arabischen ist das Wort Mensch abgeleitet vom Wort Fuß. Das chinesische Schriftzeichen Mensch zeigt einen Schreitenden.

„Die Menschen haben aber keinen aufrechten Gang, wenn das gesellschaftliche Leben selber noch schief liegt."

Ernst Bloch

"Stellen wir uns vor wir müssten einige Kilometer über eine schnurgerade, ebene, hindernisfreie Betonbahn gehen. Am Ende der Strecke werden wir ermattet sein. Wie anders wird es uns bei einer Wanderung durch einen Wald ergehen! Da sind verschlungene Pfade. Es geht über Stock und Stein. Wurzeln, Moos, dichtes Gebüsch, Rinnsale. Das Licht ist dämmrich. Du mußt ganz Auge, ganz Ohr sein. Ganz Nase. Es duftet nach Waldkräutern und Waldboden. Seltsame Geräusche von überall her, Vogelstimmen. Am Ende des Weges sind wir erfrischt, fast wie "neugeboren". Was war geschehen"?

Im Walde war ich mit Körper, Seele und allen Sinnen voll beansprucht. Überall Kleine mit Hindernissen verbundene ...... Wagnisse. Auf der risikolosen Betonbahn forderte mich nichts heraus. Ich hatte nichts zu bestehen. Ich war sozusagen überflüssig. Das ist es, was uns "kaputt" macht: Die Unterschlagung unserer Fähigkeiten. LEBEN bedarf der Hindernisse. Wo Kein Wagnis, da Kein Leben.

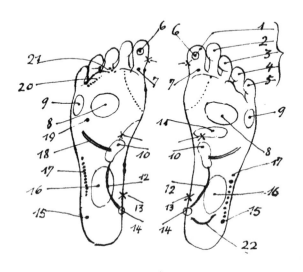

Fußreflexzonen: 1-5 Stirnhöhle, 6 Kopf, 7 Hals, 8 Herz 9 linke Schulter, 10 Niere, 11 Bauchspeicheldrüse, 12 Harnleiter, 13 Steißbein, 14 Blase, 15 Hüfte und Knie, 16 Dünndärme, 17 Dickdarm, 18 querlaufender Dickdarm, 19 Lungenrähre, 20 Ohren, 21 Augen, 22 sigmaförmiger Dickdarm

Notizen

Das Summ=Loch

Das Summloch

**Tief einatmen
summend
lang ausatmen.**

Man steckt den Kopf in das Loch. Holt so tief wie möglich Luft. Summt in so tiefem Ton, als man eben kann: solange, bis keine Luft mehr in der Lunge ist.

Mehrmals wiederholen!

Jeder Mensch hat eine nur ihm allein eigene Organ-Vibration, den sog. "tremor".
Das Summen erregt den tremor enorm.

Wahrscheinlich ist, daß das Summen in menschheitsgeschichtlicher Frühzeit noch mehr als Tanz, Gesang, Trommel mit Flöte u.a. als eine belebende In-Ton-Setzung des Gesamt-Organismus geübt wurde. Dieser Stein ist eine Nachbildung eines Summlochs im unterirdischen Höhlensystem auf Malta.
Keine Schule ohne Summsteine!

Leonardo da Vinci

Die Erfahrung geht nie fehl; sondern nur die Urteile gehen fehl.

Die Erde wird schon durch das Gewicht eines Vögelchens, das sich auf ihr niederläßt, aus ihrer Lage gebracht.

Nun betreten Sie die Eingangshalle vom Norden her und setzen – gleichsam durch diesen Spaziergang eingestimmt – Ihrer Neugier folgend Ihre Wanderung fort oder folgen der Wegweisung

Das Bauen ist der Bau

Wir lenken Ihre Aufmerksamkeit zunächst auf die Architektur des Schlosses:

Treppen

„Die Treppen sind nicht notwendige Übel zur Stockwerkverbindung, sondern schwingende Raumsätze der Bewegung, Begegnung, des Tanzes und des Spiels. Auf der Treppe erfährt der Gehende, daß der Raumgewinn in Höhe

und Tiefe, der als ein „von Stufe zu Stufe" vonstatten geht, gesteigert dem „von Schritt zu Schritt" in der Ebene entspricht. Auch das höhrende Leben gewinnt an Höhe, Tiefe, Fülle und Wechsel."

Hugo Kükelhaus

Wandvertäfelungen

Intarsien sind Einlegearbeiten in Holz oder anderen Materialien. „Tarsia" – Auslegen, Besetzen.
Die Holz- und Intarsienarbeiten im Schloß lassen sich in die Zeit des Historismus einordnen. Wir finden Schmuckmotive in der Gestalt von Girlanden aus Blumen, Blättern und Früchten sowie symmetrisch angeordnete Muster und Bänder.

„Bewacht ein altes Bauwerk mit ängstlicher Sorgfalt; bewahrt es so gut wie angängig ... vor dem Zerfall. Zählt seine Steine wie die Edelsteine einer Krone; stellt Wachen ringsherum auf, wie an den Toren einer belagerten Stadt; bindet es mit Eisenklammern zusammen, wo es sich löst; stützt es mit Balken, wo es sich neigt; kümmert Euch nicht um die Unansehnlichkeit solcher Stützen; besser eine Krücke als ein verlorenes Glied. Tut dies alles zärtlich und ehrfurchtsvoll und unermüdlich, und noch manches Geschlecht wird unter seinem Schatten erstehen, leben und wieder vergehen ..."

John Ruskin, 1849

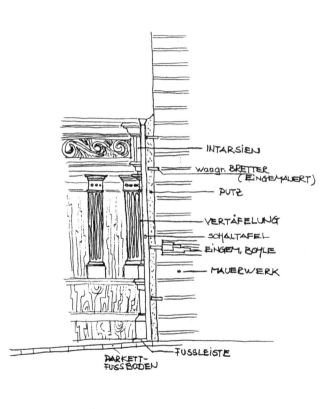

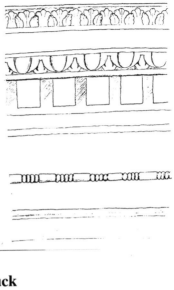

Stuck

„Will man dann noch weiter gehen, so kann man ja an die Decke Stuck, aber wirklichen Stuck auftragen lassen. Die einfachsten Formen, ein Kreis, ein Oval, eine Sonne, geben dem Raum sofort ein Schmuckmotiv. Den Stuck aber lasse man dann weiß oder höchstens leise getönt, damit er sage: ich bin Stuck. Bemalter Stuck kommt mir vor wie Hering mit Schlagsahne."

Paul Schultze-Naumburg, 1869-1949,
aus „Häusliche Kunstpflege"

Fenstergriffe und Schliessmechanismus

„Grundsätzlich gehen wir davon aus, die Dreh- und Angelpunkte von Fenster und Türen sichtbar zu gestalten, so daß die Funktionen nicht verdeckt werden …"
Wolfram Graubner

Erfahrungsstation Sonnenwende

Im großen Saal des Schlosses scheint die Sonne von Süden her durch ein hochgelegenes Rundbogenfenster. Am Tag der Tag- und Nachtgleiche – Sonnenwende – am 21. März und am 23. Spetember entspricht der Winkel des Sonnenstandes dem Winkel der Fensterlaibung. Wenn an diesen Tagen die Sonne ihren Höchststand erreicht hat, liegt das helle Halbrund in der Saalmitte. Alle Hinweise auf die Schloßerbauer legen die Vermutung nahe, daß diescr Ort und diese Anordnung bewußt gewählt wurden, um das Geschehen im Haus mit dem Geschehen im Himmel zu verbinden.

Wand- und Deckenfarben

In allen Räumen wurde die Wandbemalung untersucht und an einigen Stellen die „Geschichte der Farbgestaltung" seit 1904 freigelegt.
Die Farbpalette reicht von rotbraun über hellgrün, hellblau zu weiß. Am Aufgang zum ersten Stock finden sich Farbproben zum Anstrich der Eingangshalle aus denkmalpflegerischer Sicht.

Paul Schultze-Naumburg

Der Architekt des Schlosses, Paul Schultze-Naumburg widmet dem Freudenberg ein kleines Kapitel in seinen Lebenserinnerungen:

„Ich kann hier nicht alle diejenigen aufzählen für die ich in meiner langen Praxis gebaut habe, sondern will hier nur aus der Reihe einige herausgreifen, von denen besonders bemerkenswertes mitzuteilen ist. Da fällt mir ein Mann ein, der mir als erster den Auftrag gab, ein großes, schloßartiges Gebäude in einem weiten Waldgelände auf den Hügeln über dem Rhein bei Wiesbaden zu errichten. Er hieß Pitcairn-Knowles und schrieb eines Tages an mich einen Brief, in dem er mir mitteilte, er habe die Absicht, sich ein großes Landhaus zu erbauen, habe aber bisher noch keinen Architekten gefunden, mit dem er sich verstanden hätte. Alle die Entwürfe, die er sich habe machen lassen, seien viel zu schwülstig und entsprächen in keiner Weise dem strengen Stil, den er von seinem eigenen Haus erwarte. Nun habe er meine Bücher kenengelernt und erhoffe auf Grund derselben von mir, daß wir uns verstehen würden. Ich vereinbarte daraufhin eine Besprechung mit ihm in Wiesbaden, wobei ich einen jüngeren Mann fand, den man wohl schön nennen mußte; etwas idealistisch weltfremd, aber mit künstlerisch überraschend sicheren Instinkten. Er selbst war der Sohn eines offenbar sehr wohlhabenden Engländers, der aber schon vor langem nach Deutschland übergesiedelt und hier gestorben war. Seine junge, sehr hübsche Frau war Französin und brachte einige ausgesprochene, aber durchaus nicht abwegige, künstlerische Vorstellungen mit. Die beiden machten oft den Eindruck zweier großer Kinder, die mit reichlich Mitteln ausgestattet, etwas planlos, aber sehr hoffnungsvoll in eine vermeintlich schöne Welt hineinsegelten. Da er seine Vorstellungen von dem künftigen Hause zwar in unfachmännischer, aber doch in künstlerischer Form skizzierte, fragte ich ihn, woher er das könne. Er antwortete, daß er eigentlich Maler sei, wovon er indessen nicht sehr ausgiebig Gebrauch mache. Unsere Besprechungen führten bald zu einem Plane, mit dem die Auftraggeber restlos zufrieden waren, wobei ich selbst bei den so klar und deutlich geäußerten Wünschen der Bauherren vieles gelernt habe. Mir hatte zuerst ein mehr breitgelagertes, behäbiges Haus vorgeschwebt. Unter dem Einfluß der Auftraggeber entstand aber mehr ein straff in die Höhe gerichtetes Palais von kühler, gemessener Haltung. Da ich durchaus einsah, daß ein jeder in dem Stil leben müsse, den er als den ihm gemäßen empfindet, und die Forderungen in keiner Weise gegen ein künstlerisches Gesetz verstießen, gab ich mir alle Mühe, ihnen Gestalt zu geben. So entstand das kleine Schloß Freudenberg bei Dotzheim, das die Bauherren indessen nicht lange bewohnten. Obgleich bis zur Abwicklung des Baues zwischen uns bestes Einvernehmen bestanden hatte, hörte ich von da an nichts mehr von ihnen, bis ich erfuhr, daß die beiden, die nach meiner Beurteilung wie ein Turteltaubenpärchen gelebt hatten, sich hatten scheiden lassen und Knowles von Wiesbaden weggezogen sei, nachdem er seinen Besitz verkauft hatte. Diesen sah ich erst nach fast vierzig Jahren einmal wieder und zwar als Mütterheim der Stadt Essen, wobei der Bau durch solche Anpassung hatte einige Federn lassen müssen."

Lehrbaustelle Schloß Freudenberg

In seinem 1994 veröffentlichten Aufsatz „Projektstudium – Ein Beispiel praxisorientierter Lehre" schildert Prof. Emil Hädler seine erste Bestandsaufnahme im Freudenberger Schloß:

„Auf der Suche nach einem geeigneten Objekt fiel das seit 10 Jahren leerstehende Schloß Freudenberg in Wiesbaden-Dotzheim auf. Es stand vermauert und vernagelt in einem heruntergekommenen Parkgelände und wartete darauf, wachgeküßt zu werden. Unter den undichten Freitreppenanlagen hatten sich Tropfsteinhöhlen gebildet. Durchs Dach regnete es herein, Kehlsparren waren verrottet. Zwischenzeitlich wurde das Gebäude einmal besetzt und wieder geräumt: Die ungebetenen Gäste hatten ihr Lagerfeuer auf dem Parkettboden entfacht.
Die Stadt Wiesbaden, nach dem Abzug der Amerikaner aus Camp Pieri im Rahmen der Konversion zuständig, war vollauf damit beschäftigt, das Schloß vor weiterem Vandalismus zu schützen und tat dies so gründlich, daß in den vermauerten, feuchten Erdgeschoßräumen der echte Hausschwamm ein optimales Wachstumsklima fand. Die Ratlosigkeit, wie und von wem das Gebäude mit seinen Raumhöhen von bis zu 9.50 m genutzt werden sollte, verhinderte wirkungs-

volle Instandsetzungsmaßnahmen.

Als Frühwerk des durch seine „Kulturarbeiten" um die letzte Jahrhundertwende bereits bekannten Malers und Architekten Paul Schultze-Naumburg (1869-1949) ist das 1905 fertiggestellte Bauwerk beachtlich. In seiner neuklassizistischen Schlichtheit steht es in auffallendem Kontrast zu den historischen Übertreibungen des zu dieser Zeit in Wiesbaden üblichen wilhelminischen Stils. Schultze-Naumburg ist als Mitbegründer des „Heimatschutzbundes" 1904 und des „Deutschen Werkbundes" 1907 ein Wegbereiter deutscher Reformarchitektur zu Beginn des 20. Jahrhunderts. In seinen „Saalecker Werkstätten" in Thüringen unternahm er den Versuch, seine vielfältigen Reformbestrebungen zu institutionalisieren und Ideen in die Tat umzusetzen, deren Ziel es war, Kunst und Leben durch die Bildung von Künstlerkolonien unauflöslich zu verbinden.

In seinen Bauten war er damals auf der Höhe seiner Zeit, geriet aber mit seinen kämpferischen Plädoyers für handwerkliche Traditionen und Gestaltungsprinzipien in den 20er Jahren zunehmend in Konflikt mit seinen früheren Weggefährten, die sich der Moderne und dem industrialisierten Bauen verpflichtet sahen. In diesen Auseinandersetzungen, die in eine Neuauflage seiner „Kulturarbeiten" mit vernichtender Kritik am Bauhaus mündeten, geriet er immer mehr in die ideologische Nähe der Nationalsozialisten. 1930 bis 1940 war er nach der Vertreibung des Bauhauses aus Weimar dort Direktor der Staatlichen Hochschule für Baukunst und galt als Streiter gegen den „Kulturbolschewismus". Er starb 1949 als Blut-und-Boden-Künstler verurteilt und geächtet in Jena.

Das fast quadratische Bauwerk mit 22,50 x 21,50 m Außenabmessung trägt in seiner 2-fach achsensymmetrischen Disposition im Äußeren eine Klarheit zur Schau, der die Raumaufteilung und auch die Konstruktion im Inneren keineswegs entsprechen. Gewaltige Stahlträgerkonstruktionen von 50 cm Höhe und Spannweiten bis zu 12,5 m tragen Lasten unter abgehängten Decken spazieren, deren nichttragende Rabbitz-Kassetten ein ganz anderes, nur formal auf die Architektur bezogenes Tragsystem vorspiegeln. Dies mag angesichts der auf Klarheit und konstruktive Ehrlichkeit ausgelegten Architekturauffassung von Schultze-Naumburg verblüffen. Entlang einer von Nord nach Süd durchlaufenden Mittelzone aus Eingangshalle und Saal, die sich jeweils zu den Freitreppenanlagen erweitern, finden wir ein pragmatisches Nebeneinander an Funktionsräumen und Servicetreppen, die dem ursprünglichen Betrieb des Bauwerks entsprechend angeordnet waren: Der exzentrische Bauherr und Künstler James Pitcairn-Knowles und seine reiche Frau ließen sich hier von 1905 bis zu ihrer Trennung 1908 von über 30 Angestellten verwöhnen.

Danach erlebte das Haus durch häufigen Besitzerwechsel eine unruhige Geschichte, war Hotel, Offizierskasino, Kindererholungsheim, NS-Frauenheim, Leitstelle der Wehrmacht, amerikanischer Soldatenclub und zuletzt Sitz der Internationalen Pfingstgemeinde (Pentecostal-Church). In dieser Zeit erfolgten gravierende Eingriffe: Für den Einbau einer neuen Heizung und zur Vergrößerung der Säle wurden bedenkenlos Gewölbebogen und tragende Wände durch atemberaubende Stützkonstruktionen ersetzt und so das statisch-konstruktive Gefüge nachhaltig gestört.

Seit 1984 stand das Gebäude leer und wurde von der Stadt Wiesbaden unterhalten. Im Sommer 1993 zog die Gesellschaft „Natur und Kunst e.V." in die verwahrlosten Räume ein und startete das „Erfahrungsfeld der Sinne" nach Hugo Kükelhaus mit dem Programm „Sanierung = Heilung durch Kunst und Kultur – Bauhütte Freudenberg". Der Fachbereich Architektur der FH Mainz begleitete das Vorhaben als „Lehrbaustelle" im Rahmen des Projektstudiums Altbausanierung-Denkmalpflege."

„das bauzentrum", 7/94

Nordost- und Nordwestansicht des Schlosses Freudenberg.

Leben ist Schwingung
Dieser Erfahrungsweg widmet sich zunächst den Pendelstationen.
Alle diese Versuchsanordnungen wollen von Ihnen bewegt, in Gang gebracht werden!
Danach treten Sie zurück und verfolgen das jeweilige Geschehen.

Die Impulskugelreihe

„Das Staunenerregende bei dem Vorgang ist, daß die Reihe der Kugeln zwischen den beiden äußeren unbewegt verharrt. Die Stoßkraft wandert durch die ruhenden Kugeln hindurch. Nur die letzte Kugel, die nichts mehr vor sich hat, wird ausgelenkt."

„Es ist eine Art Fühldenken, das sich angesichts der pendelnden Kugeln einstellt. Wie die auf physikalische Vorgänge gemünzten Ausdrücke wie Kraft, Energie, Impuls oder Anstoß genaugenommen aus der Empfindungs-und Gefühlswelt abgeleitet sind.
Dieses Fühldenken wird vorausschauen lassen, was geschieht, wenn man statt einer Kugel deren zwei oder drei gleizeitig ... nacheinander auslenkt und zurückschwingen läßt ..."

Hugo Kükelhaus

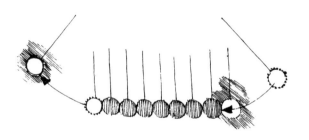

Das Dreizeitenpendel

Wir erleben das „Zusammenklingen" von drei unterschiedlichen Pendelbewegungen.
Beobachten wir aufmerksam, wie sich dieses Zusammenklingen darstellt: Erst das eine mit dem anderen ... dann alle zusammen.
Aus einem „chaotischen" Durcheinander entwickelt sich mit der Zeit ein „geordneter" gemeinsamer Durchgang.
Gegenläufigkeit.
Mitläufigkeit.
Keppler studierte an einem ähnlichen Modell die Bewegung der Planeten um die Sonne.

Die gekoppelte Schwingung

Bring nur eine Kugel in Schwung und verfolge das Geschehen …
Hugo Kükelhaus nannte dieses Hin und Her, Auf und Ab „dialogisch" und „partnerschaftlich".
Auf dieser Entdeckung basiert die von ihm entwickelte Partnerschaukel.
Es empfiehlt sich, die hier gewonnen Erfahrungen selbst und „leiblich" auf der großen Schaukel im Schloßpark nachzuempfinden.

„Wir müssen es tun. Erfahren hat eben mit Fahren zu tun. Hier liegt die Hürde. Wir sind seit Jahrhunderten darin geübt, die Erfahrung durch die Erkenntnis zu ersetzen. Und leben in einer Ersatzwelt."
Hugo Kükelhaus

Das Fadenpendel

(lat. pendulum, „Schwinggewicht"; pendulus, „hängend", „schwebend"; pendere, „aufhängen", „wägen")

Dem Fadenpendel als dem einfachsten gebührt die größte Aufmerksamkeit; in Richtung auf den Sachverhalt (Physik), in Richtung auf die innere Empfindung, die sich während des Beobachtens einstellt:
a) Die Schwingungsdauer in Abhängigkeit von der Pendellänge: ein längeres Pendel schwingt langsamer als ein kürzeres.
b) Die Längen zweier Pendel verhalten sich wie die Quadrate der jeweiligen Schwingungsdauer (Frequenz).
c) Die hängende Kugel zeigt uns die Wirkung der Schwerkraft – die Kraft, die infolge der Anziehung der Erde auf jeden Körper einwirkt.
d) Nach einer Weile des Hin und Her kommt das Pendel zur Ruhe: Durch Reibung an dem, was seiner Stofflichkeit an Stofflichkeit entgegenwirkt.

„Wir fühldenken, wie es zwei Kräfte sind, die durch die Pendelbewegung in einem wechselseitigen Miteinander zum Ausdruck kommen – sowohl und weil diese beiden Kräfte gegengewichtet sind. Das Pendel steigt und fällt. Während es steigt, entwickelt sich die Kraft, die es, nach dem die Steigetendenz sich in einem bestimmten Höhepunkt erschöpft, nach unten zwingt."

„Die Wahrnehmnung des Ermüdens durch Reibung am Widerstand bekräftigt die Fähigkeit des Organismus und der Person, dem Widerstand entgegenzuwirken. Prozesse bedürfen der Hindernisse, um in Gang zu kommen."

Hugo Kükelhaus

Beim Gehen pendeln unsere Beine ständig von rechts nach links, vorne und hinten.
Gehen: ein ständig aufgefangener Fall.

Die Strömungstafel

Sie versetzen die Scheibe in eine leichte Pendelbewegung und verfolgen die sichtbaren Bewegungen des Wasser-Aluminiumstaub-Gemisches.

Für den Physiker: sichtbare Strömungslehre.
Für den Biologen: Die Entwicklung organischer Lebensformen (Wirbel, Ohrmuschel, Knochenbildung, Wachstumsbewegungen der Pflanzen).
Für den Embryologen: Der vorgeburtliche Bewegungsstil des Menschen.
Für den Künstler: Luftlautformen – erregter und bewegter Atem beim Singen und Sprechen. Hinweise auf die von Dr. Rudolf Steiner entwickelte Bewegungskunst: Eurythmie (Seelenbewegungen);

Eigenschaften des Wasserwirbels:
Die Entstehung des Wirbels aus widerstrebenden Bewegungen. Ein Wirbel entsteht dort, wo zwei Wasserströmungen aneinander vorbeigleiten.
Zunächst kommt es zu einem leichten Hin- und Herschwingen zwischen den Schichten, die sich dann ineinander einrollen und den Wirbel entstehen lassen.

„Die Spirale mit ihren spiegelbildlichen Aus- und Einrollungen ist Formprinzip.
Formprinzip des strömend sich gestaltenden; des wachsend sich Entwickelnden."

Formensprache des Lebendigen

„Die frühesten Spuren von Leben finden sich in Form von Fossilien. In frühen Schichten des Erdaltertums erkennen wir sogenannte Orthoceren in der Form eines geraden Stabes. Im Laufe der weiteren Erdentwicklung trat zu dieser Linearstruktur eine Zirkulärstruktur hinzu und es finden sich nun Fossilien, die begannen, sich an einem Ende einzurollen. Geht man weiter in jüngere Schichten, so finden sich zirkuläre Lebewesen, die als Ammoniten bekannt sind.

Es erhebt sich nun die Frage wie die Knochen unseres Rückgrates überhaupt zu dem Namen Wirbel gekommen sein mögen ...

Die lateinische Sprache spricht von „Vertebra". Dies hängt einerseits zusammen mit dem altlateinischen Wort „Verto", das mit „Drehsinn" übersetzt wird, andererseits mit „Vertex" oder „Vortex" und dies heißt Strudel/Wirbel."

Peter Sachtleben

Steinplatte von Reask (Irland)

Als Kind habe ich
immer gedacht, die Füße
des Regenbogens stehen
irgendwo auf der Erde.
  Da möchte ich hin.
Heute weiß ich:
  Nichts hat einen Fleck,
nichts eine feste Stelle.
  Aber alles ist
ein Fleck und eine Stelle ...
  für einen Regenbogen.

Die Reise zum Regenbogen

Dieser Erfahrungsweg erfordert einige Aufmerksamkeit und Geduld, denn zum einen erschließen sich diese Phänomene nicht immer auf den ersten Blick und zum andern „springen" Sie von Station zu Station durch das Erfahrungsfeld.

Wenn Sie auf Ihrem Rundgang eine Station nicht finden können, bitten wir Sie, sich jederzeit an das Erfahrungsfeldteam zu wenden.

Das Licht scheint in der Finsternis

Wir schauen mit Abstand in die Guckkästen:
Dem Anschein nach ist es eine hellerleuchtete weiße Scheibe, auf die unser Blick durch das Loch im ersten Kasten fällt.
Der Blick durch das Loch im zweiten Kasten zeigt uns eine Kugel in ihrer dreidimensionalen Körperlichkeit. Totale Ausleuchtung macht unsichtbar! Das Sehen beseitigt das Wechselspiel (Pendeln) zwischen Hell und Dunkel, Licht und Nicht-Licht.
So ist es auch mit dem Schulunterricht: Wir haben ein Thema von allen Seiten beleuchtet, und die Schüler sind eingeschlafen.

„Schwache Reize wirken auslösend, mäßige Reize entwickeln, starke Reize hemmen, überstarke Reize zerstören."
Hugo Kükelhaus

„Mit diesem einfachen Experiment sind wir bereits dem Grundprinzip des Erkennens auf die Spur gekommen, daß nämlich zum Erkennen ein Akt des Produzierens gehört. Wenn die Kugel vollständig ausgeleuchtet ist, hat das Auge keine Möglichkeit mehr, die Kugel zu erzeugen.
Sie ist schon gegeben, und eben dadurch verliert sie ihre Erscheinungswirklichkeit.
Mit anderen Worten: Erscheinung ist nur möglich im Bereich des Ungewissen. Nimmt man einer Erscheinung die Ungewißheiten, die Unentscheidbarkeiten, so ist die Erscheinung als solche wie auch der Erkenntnisprozeß unterbunden." Hugo Kükelhaus

Goethes Farbenlehre
Abendrot und Himmelsblau

Man blickt durch das trübe Glas hindurch auf die Glühbirne. Die Scheibe schimmert sodann gelblich bis rötlichgelb. Die Gelbtönung steigert sich mit zunehmender Trübung bis ins Rötliche.

Jetzt blicken wir durch leichte Trübe auf den dunkelschwarzen Hintergrund. Was vorher gelblich und rötlichgelb war, erstrahlt nun in einem sanften blau.
In diesem Versuch haben wir eine schwache Nachahmung der Entstehungsweise des Abend- und Morgenrots und des Himmelsblaus vor Augen. Vor der samtschwarzen Tiefe des Weltraumes breitet sich der von der Sonne beschienene Dunstschleier der Atmosphäre aus. So erscheint uns dies als Himmelsblau. Zur Entstehung der Abend- und Morgenröte kommt es durch die dichten atmosphärischen Schichten, die sich erdnah vor der weissglühenden Sonne bewegen.

„Licht vor Finsternis steigert sich zu blau,
Finsternis vor Licht bringt das Rotgelb hervor."

Merke: Farben sind die Taten und die
           Leiden des Lichtes.

Beispiele:

1. Wir sehen eine reife, blauviolette Pflaume am Baum. Wo kommt die Farbe her?
Bei genauer Betrachtung sehen wir, daß die Oberfläche von einer Art feinen, weißen, im Lichte leuchtenden Flaum überzogen ist. Reiben wir diesen kräftig ab, verschwindet die blau-violette Farbe (unsere Finger bleiben sauber!) und eine tiefschwarze Haut wird sichtbar.
2. Wir betrachten die Innenseite unserer Unterarme. Warum scheint das dunkelrote Blut blau?

... Himmelslehr in Erdesprachen ...

Die Morgenröte ...
Sie entwickelt dem Trüben
ein erklingend Farbenspiel,
und muß Konate wieder geben,
was erst auseinander fiel.

Gesetz der Trübe

Freunde, flieht die dunkle Kammer,
Wo man Euch das Licht verzwickt
Und mit kümmerlichem Jammer
Sich verschrobnen Bildern bückt.
Abergläubische Verehrer
Gab's die Jahre her genug,
In den Köpfen Eurer Lehrer
Laßt Gespenst und Wahn und Trug.
Wenn der Blick heitern Tagen
Sich zur Himmelsbläue lenkt,
Beim Sirok der Sonnenwagen
Purpurrot sich niedersenkt:
Da gebt der Natur die Ehre,
Froh, an Aug' und Herz gesund,
Und erkennt der Farbenlehre
Allgemeinen ewigen Grund!

„Das Höchste wäre, zu begreifen, daß alles Faktische Theorie ist.
Die Bläue des Himmels offenbart uns das Grundgesetz der Chromatik. Man suche nur nichts hinter den Phänomenen; sie selbst sind die Lehre."

Goethe

Notizen

Farbige Schatten

Wir beleuchten die Leinwand zunächst mit rötlichem Licht.
Danach tritt ein Mitspieler hinter die Wand.
Sogleich sehen wir seinen dunklen Schatten im roten Umfeld.
Nun schalten wir den weißen Scheinwerfer hinzu. Ein Teil des vorher dunklen Schattens wird ausgeleuchtet (=Halbschatten) und erscheint uns grün …

Merke: Der Halbschatten von rot ist grün!
Die Farben treten paarweise hervor …
die Eine ruft die Andere auf!

Wir spielen nacheinander mit allen Farben und erzeugen den jeweiligen Halbschatten.

Die paarige, polare Eigenschaft der Farben wird als „komplementär" oder auch als Ergänzungsfarbe bezeichnet.

Jetzt spielen wir beim Schein mehrer Farblampen mit den Schatten und erfreuen uns an den vielfältigsten Farben der jeweiligen Schattierungen.

„Ich sehe im Schattenspiel tiefen Sinn, es ist ein Bild des Lebens für den Denker; Gestalten ziehn vorüber, schwinden hin …
Dann endet alles; übrig bleibt der Lenker."

Arabisch, um 1400

Die prismatischen Farben

Wir betrachten das große schwarz-weiße Wandbild durch eines der Glasprismen. Dabei halten wir das Prisma quer vor die Augen.

Je nach Art und Weise unseres Durchblickens sehen wir das Bild in bunteste Farben getaucht oder das Bild auf dem Kopf stehend schwarz-weiß oder die Tafel unverändert schwarz-weiß.

Beim Drehen des Glases, beim Spiel mit verschiedensten Blickwinkeln, stellt sich dann für jeden Betrachter eine intensive Farberscheinung ein.

Bei genauer Beobachtung erkennen wir:

Farben entstehen nur an den Rändern. Bei waagerechter Haltung des Prismas an den waagerechten Rändern, bei senkrechter Haltung entsprechend.

Ins Auge springt folgendes Experiment:

Suchen Sie durch das Prisma hindurch den schwarzen Balken im weißen Feld. Welche Farben erscheinen am oberen und unteren Rand?

Jetzt nehmen Sie das Prisma ab und entdecken, daß Ihr Blick entweder über dem Balken-Bild liegt oder tief darunter.

Je nachdem, „überblüht" ein schwarzer Rand die wei-

ße Umgebung oder ein weißer Rand überstrahlt das Schwarz. Im einen Fall ergibt sich ein rot-gelber Saum im anderen Fall ein blau-türkiser Saum.
Goethe entdeckte im Verrücken („Refraktion") die Ursache für diese Regenbogenfarben. Also die Gegensätze Hell und Dunkel durchdringen sich und steigern sich zur Farbe.

„Das Auge Goethes", nach einer Zeichnung Goethes.

Wär' nicht das Auge sonnenhaft,
Wie könnten wir das Licht erblicken?
Lebt' nicht in uns des Gottes eigne Kraft,
Wie könnt' uns Göttliches entzücken?

Goethe

Farbige Nachbilder

Fixieren Sie das rote Kreuz im grünen Umfeld zwei bis drei Minuten, ohne mit Ihrem Auge und Ihrer Aufmerksamkeit abzuwandern.
Dann blicken Sie ruhig auf die samtschwarze Fläche und erwarten dort die Erscheinung des Nachbildes.

„Als ich gegen Abend in ein Wirtshaus eintrat und ein wohlgewachsenes Mädchen mit blendendweißem Gesicht, schwarzen Haaren und einem scharlachroten Mieder zu mir ins Zimmer trat, blickte ich sie, die in einiger Entfernung vor mir stand, in der Halbdämmerung scharf an. Indem sie sich nun darauf hin wegbegte, sah ich auf der mir entgegenstehenden, weißen Wand ein schwarzes Gesicht, mit einem hellen Schein umgeben, und die übrige Bekleidung der völlig deutlichen Figur erschien von einem schönen Meergrün."

Goethe, aus „Entwurf einer Farbenlehre",
physiologische Farben

Fixieren Sie dieses schwarze Kreuz zwei bis drei Minuten. Dann blicken Sie auf die weiße Fläche unter dem Kreuz.

Licht und Schatten als charakterbildende Eigenschaften

Der Lichtschein kreist um eine Skulptur des Bildhauers und Kunstprofessors Dr. Wolf Spemann.
Wenn wir nun das feine Mienenspiel verfolgen (Mund-Nasen- oder Augenpartie), so scheint der Kopf zu lächeln, zu schmunzeln …, bis hin zu einem nachdenklichen, traurigen Ausdruck.
Was bedeutet nun „Etwas in das rechte Licht rücken" oder „sein Licht nicht unter den Scheffel zu stellen"?

Eine Holzmaske des Künstlers und Felsbildforschers Dietrich Evers kann abwechselnd von unten oder von oben beleuchtet werden. Je nachdem ändert sich ihr Ausdruck dramatisch.

Studie der Lichteffekte auf einem Profil von Leonardo da Vinci, das von einem Punkt aus beleuchtet wird.

Stell Dir vor, Du wärest blind!

Eine Wanderung in völliger Dunkelheit und Finsternis!
Vorsicht! Über Stock und Stein, Stufen und Treppen.
Finsternis – Finis Terra – Ende der Welt.
Betreten Sie einzeln und mit gehörigem Abstand diesen Dunkelgang.
Gehen Sie langsam voran, mit den Füßen und Fingern tastend.
Bci Enge-Gefühlen und Ängsten kehren Sie einfach um.
Rufen, Sprechen, Singen Sie. Achten Sie auf die sich einstellenden Wahrnehmungsfähigkeiten: Riechen, Hören, „Spüren", Ahnen ...
Verweilen Sie in der Stille.

Die Dunkelbar

Erwartungsvoll teilt die Hand den schwarzen Vorhang. Ein schmaler Lichtstrahl fällt aus einem zweiten Vorhang, dann nichts mehr außer Dunkel. Hilfloses Tasten mit den Händen, die Füße werden vorsichtig voran geschoben. „Hallo!", sagt eine angenehm sonore Stimme, „Ich führe Dich zu einem Platz." Die ruhige Stimme und die warme Hand gehören Hermann-Josef Schmidt. Der 56-jährige hat einen der außergewöhnlichsten Arbeitsplätze Wiesbadens: Er ist der Barkeeper der Dunkelbar im Freudenberger Erfahrungsfeld der Sinne.

Auf einem Hocker sitzend fühlen sich die meisten Gäste dann schon etwas sicherer und bestellen eines der 20 Getränke im Angebot oder ein Stück Kuchen. Und sind dann irritiert, wenn Hermann, wie ihn die meisten gleich nennen, ohne Zögern das Richtige serviert. Auf schüchterne Fragen gibt er ohne Umschweife Auskunft: „Ich bin seit 14 Jahren völlig blind", erzählt Schmidt. Aufgrund einer Erbkrankheit wurde er mit einer starken Sehschwäche geboren. Im Laufe des Lebens verschlechterte sich das Augenlicht immer weiter. Daß er sich aufgrund seiner Erfahrung als Blinder besser in dunklen Räumen zurechtfindet als seine Gäste ist klar: Für ihn sind alle Räume dunkel.

Die Säfte in der Dunkelbar kann er jedoch auch nur unterscheiden, weil im Regal absolute Ordnung herrscht. „Erst Orange, dann Apfel, Traube, Kirsch, Johannisbeer, ...", zählt Schmidt auf. Den an manchen Tagen um die 100 Besuchern erzählt er manchmal im Scherz, er nähme vor dem Servieren einen

Schluck, um ganz sicher zu gehen. Beim Kaffee merkt er am Fließgeräusch und der Schwere der Tasse, wann sie voll ist.

Von Hause aus ist Schmidt kein gelernter Gastronom. Geboren in Hagen, machte er eine Ausbildung zum Stenotypisten und Telefonisten, später eine zum Masseur und medizinischen Bademeister. Fast zwei Jahrzehnte leitete er ein Kurmittelhaus im Odenwald. Als er 1992 mit seiner Frau, einer Wiesbadenerin, nach Klarenthal zog, wollte sich Schmidt zur Ruhe setzen – Musik hören, den Garten genießen.

Doch es kam anders. Ein Bekannter aus dem Blindenbund berichtete ihm, daß Matthias Schenk vom Verein

Natur und Kunst im Schloß Freudenberg einen blinden Barkeeper suchte. Seit 1994 betreut Schmidt jetzt die Bar, zu Beginn noch im Wechsel mit einer jungen Frau, mittlerweile allein. „Mir macht es Spaß, mit immer neuen Menschen umzugehen", sagt Schmidt. Er stellt fest, wie unterschiedlich sie auf die ungewohnte Situation reagieren, manche ängstlich den Kopf einziehend, andere ihre Unsicherheit mit Lärmen und forschem Auftreten überspielend.

„Ein bißchen können sie sich dann mal einfühlen, wie es einem Blinden geht, der in eine Kneipe kommt und von Stimmen, Geräuschen und Gerüchen überfallen wird", hofft Schmidt, der seine Aufgabe darin sieht, Sehenden etwas aus der Alltagswelt der Blinden zu vermitteln.

Ein spannender Moment kommt dann noch mal, wenn es ans Bezahlen geht: Wie kann Herrmann die Geldscheine unterscheiden? Keine Angst. Zum einen hat er längst ein Gefühl für die Größe der Scheine und Münzen. Zum anderen hat er stets seine „Cash-Test-Karte" mit Markierungen in Blinden-Schrift parat.

Wiesbadener Kurier

„Lichtpause 1+2" von Stephan Stüttgen, Düsseldorf.

Die drehenden Scheiben

Wir beobachten jeweils eine Scheibe aus einigen Schritten Abstand.

Wenn sich **die Scheibe mit der Spirale** im Uhrzeigersinn dreht, entsteht bei ständigem Fixieren der Spirale der Eindruck, daß sie sich zum Zentrum hin zusammenzieht; beim Drehen der Scheibe in die umgedrehte Richtung sehen wir das Auseinandergehen der Spirale vom Zentrum zur Peripherie.
Blickt man nun nach längerem Betrachten der sich drehenden Spirale auf einen unbewegten Gegenstand (Fußboden, Wand), so scheint er sich in die umgekehrte Richtung zu drehen. Sog erzeugt Weitung und umgekehrt.
Bald werden Farberscheinungen wahrnehmbar: Die schwarz/weißen Übergänge erscheinen im Spektrum der Regenbogenfarben.
Bereits um die Jahrhundertwende experimentierten Künstlerinnen und Künstler mit „bewegten Bildern".

Die sich langsam drehende **Sichelscheibe** erscheint uns als ein immer größer werdender Kegel mit einem uns verfolgenden „Auge" im Zentrum.

Mit etwas Übung können wir diese Perspektive umkippen und schauen in eine Röhre aus deren Grund sich ein Trichter erhebt.

Die in Drehung versetzte **gelb-blaue Scheibe** erscheint dem Betrachter bald in den wechselvollsten Farben: orange, grün bis türkis.

Schein-Körper

Die Scheibe langsam drehen. Zurück-
treten und zusehen.

Plötzlich erhebt sich ein
Kegel aus der Fläche heraus in
den Raum mit einem
Trichter nach innen gleich einem
Krater — mit einer Kugel am
Grunde.

Diese Erscheinung ist ein Produkt der visuellen
Rindenfelder des Gehirns. Sie macht erfahr-
bar:
Das Sehen ist wie alle Sinnesleistungen
kein passives, sondern ein höchst aktives Verhalten,
durch das, was außen ist, sich mit mir zu etwas
Neuem verbindet. Das meinen Zustand jeweils
entsprechend ändert.

Wer nicht hören will muß fühlen

Vom Hören zum Lauschen,
vom Gehör zum Gehorsam,
vom Zuhören und Aufhören.

Heinrich von Helmholtz
1821 – 1894

Das Ohr ist in eminentem Maße das Organ für kleinste Zeitintervalle und wurde als solches von den Astronomen schon längst benützt. Es ist bekannt, daß, wenn zwei Pendel nebeneinander schlagen, durch das Ohr bis auf 1/200 sec. unterschieden werden kann ob ihre Schläge zusammentreffen oder nicht.

Das Monochord des Pythagoras

Der Philosoph und Mathematiker Pythagoras (4.Jh. v.Chr.) soll einer Legende zufolge die Harmonie der Musik während eines Spaziergangs entdeckt haben. Er lauschte nahe einer Schmiede dem Klang verschiedener Hämmer und Ambosse. Als er anschließend die Schmiedewerkzeuge untersuchte, entdeckte er präzise Verhältnisse: Das Gewicht der Hämmer untereinander verhielt sich 1:2 und 1:3.

Als er seine Beobachtung auf die schwingenden Saiten des Monochords anwandte, fand er heraus, daß zwei Saiten am angenehmsten zusammenklingen, wenn sie gleich lang sind, oder wenn die eine genau halb, zweidrittel oder dreiviertel so lang wie die andere ist. Wenn sich also das Verhältnis der Saitenlängen in den kleinsten ganzen Zahlen ausdrücken läßt.

Das 1:1-Verhältnis, welches Gleichheit bedeutet wird Einklang oder unisono genannt. Das 1:2-Verhältnis, das den gleichen Ton, nur auf einer höheren Ebene, hervorbringt, wird Oktave genannt, weil es alle acht Tonstufen unserer Tonleiter umfaßt. Das 2:3-Verhältnis heißt Quinte, 3:4 Quarte.

Spielanleitung: Leichtes Anzupfen einer Saite. Die volle Saite schwingt. Wir berühren nun mit dem Finger die Saite und zupfen wieder. Die Saite klingt nicht oder nur schwach. Jetzt wandern wir mit dem Finger auf der ständig angezupften Saite in Richtung Mitte. Wenn wir die Mitte gefunden haben, erklingt die Saite mit einem klaren reinen Ton. Wir hören die Oktave! Unser Ohr mißt exakter als unser Auge!

Jetzt können wir auf die gleiche Weise 2/3, 3/4 usw. tastend suchen. Treffen wir auf den entsprechenden Knoten der schwingenden Saite, so erklingt der jeweilige Ton. Zusammen ergibt diese Tonreihe die Natur- oder Obertonreihe.

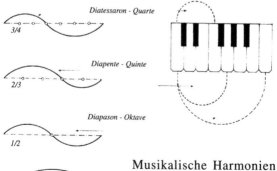

Musikalische Harmonien schwingender Saiten und der Klaviertastatur

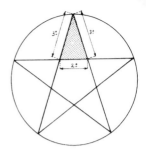

Ganz unabhängig von jeder musikalischen Vorbildung lädt dieses Instrument dazu ein, selbst zu komponieren. Dazu verschieben wir die Holzklötze unter den Saiten nach Belieben bis die Tonlage eine uns gefällige Melodie ergibt.

Wie oft bitten wir die Kinder, etwa weil es ihnen langweilig ist: „Mal doch ein Bild!" Ab jetzt können Sie mit Hilfe dieses Instruments auch anraten: „Komponier doch ein Lied oder ein Musikstück!"

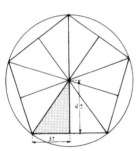

Als in jüngster Zeit die ganzzahligen Verhältnisse in der Quantenphysik eine neue Bedeutung fanden, dachte man wieder an Pythagoras, als habe die Wissenschaft zu ihm zurückgefunden.

Abb. oben: Die Quarte (3:4) entspricht annähernd einem Pentagon-Dreieck. 3:4=0,75.

Abb. unten: Die Quinte entspricht annähernd dem Verhältnis der Seiten eines Pentagramm-Dreiecks. 2:3=0,666...=0,618=f

Pythagoras

6. Jahrh. v. Chr.

Das gesamte Weltall ist Harmonie und Zahl.

Malen mit Tönen

Durch Streichen der Metallplatte mit dem Cellobogen, senkrecht von oben nach unten, wird die Platte in Schwingung versetzt.
Dort wo die Platte schwingt (Schwingungsbäuche), weicht der Sand aus und sammelt sich an beruhigten Zonen (Knotenlinien). So entstehen Klangbilder und Klangfiguren.
Durch leichtes Berühren der Platte mit dem Finger kann ich den Klang verändern. Neue Bilder entstehen.
Dieses Phänomen wurde vom Begründer der experimentellen Akustik, Ernst Friedrich Chladni (1756-1827), entdeckt.
Hier berühren sich erstmalig und einzigartig die Welt des Hörens und die Welt des Sehens. Ätherisches bildet und formt Stoffliches.

„Man kann sich einen Menschen denken, der ganz taub ist und nie eine Empfindung des Tones und der Musik gehabt hat: wie dieser etwa die **chladnischen Klangfiguren im Sande** anstaunt, ihre Ursachen im Erzittern der Saite findet und nun darauf schwören wird, jetzt müsse er wissen, was die Menschen den „Ton" nennen, so geht es uns allen mit der Sprache. Wir glauben etwas von den Dingen selbst zu wissen, wenn wir von Bäumen, Farben, Schnee und Blumen reden, und besitzen doch nichts als Metaphern der Dinge, die den ursprünglichen Wesenheiten ganz und gar nicht entsprechen. Wie der Ton als Sandfigur, so nimmt sich das rätselhafte X des Dings an sich einmal als Nervenreiz, dann als Bild, endlich als Laut aus. Logisch geht es also jedenfalls nicht bei der Entstehung der Sprache zu, und das ganze Material, worin und womit später der Mensch der Wahrheit, der Forscher, der Philosoph arbeitet und baut, stammt, wenn nicht aus Wolkenkuckucksheim, so doch jedenfalls nicht aus dem Wesen der Dinge."

Friedrich Nietzsche, „Über Wahrheit und Lüge im außermoralischen Sinn"

Die chladnische Klangforschung wurde durch den Schweizer Arzt Hans Jenny weiterentwickelt zu einem eigenständigen Forschungsgebiet, der Kymatik.

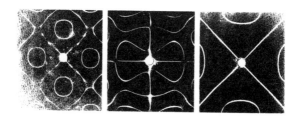

Die Leibwirksamkeit von Schallwellen

„Und nun passen Sie auf, ich lasse ihn anklingen und dann müssen Sie lauschen und horchen, solange bis Sie nichts mehr hören. Wenn es ganz still geworden ist, bemerken Sie, daß der Ton zurückkommt, über Sie hinwegfällt wie ein Berg und dann hören Sie die Stille."

Hugo Kükelhaus, Vortrag „Wahrnehmung und Schöpfung", 30. August 1958

Nähern Sie sich dem klingenden **Gong** mit der Handfläche, so dicht wie möglich, ohne ihn zu berühren.

Stellen Sie sich dicht hinter den Gong. Ein Partner schlägt ganz sanft an.
Schliessen Sie beim Hören die Augen
Lassen Sie die Qualitäten der unterschiedlichen Gongs auf sich wirken.

Die Wirkung von Gongklängen

Es gibt
zusammen-
ziehende

↘↓↙
→ ←
↗↑↖
dehnende

Klänge,
Störende
aufhebigen,
denn
solche die
auf bestimmte
Körperzonen
einwirken.

Kopf
Hals
Brust
Bauch
Gelenk

Schallwellen, besonders die von Gongs ausgehenden, werden nicht nur durch das Gehör, sondern auch durch die Haut wahrgenommen. Die Haut ist empfindlich für die Druckwellen des Mediums, das die Schälle überträgt (Wasser, Luft, Erde, Metalle) in die Vibration des angeschlagenen Gongmaterials (Bronce: 80% Kupfer, 20% Zinn). Wirkt auch die von ihr verursachten Druckwellen des Mediums (Luft) auf die Haut als Grenzfläche des Körpers und wird von dieser in nervenelektrische Impulse schwächster und daher tiefwirksamer Art umgewandelt.

Störung
Durch
Schall
Wirkungen
Befriedung
Sog

Die Chinesische Tempelglocke

Diese Klangschalen aus Bronze werden zum Klingen gebracht, indem man mit dem Reibstab den äusseren Rand entlangfährt. Nach einigen Umdrehungen fängt die Schale leise an zu brummen, und der rundsingende Ton wird stets lauter vernehmbar.
Der Effekt ist vergleichbar mit dem eines nassen Fingers, mit dem man über den Rand eines Kristallglases streift.

„Eine Klangschale (ähnlich wie ein Gong oder eine Zimbel) ruft Erinnerungen an ursprüngliche, harmonische Frequenzen wach und stimuliert den Körper, erst in der Schalenfrequenz mitzuschwingen und dann, einmal wieder „angeglichen", auch selbständig die eigenen harmonischen Frequenzen zurückzufinden. Angetrieben und mitgerissen von den kräftigen Schwingungen der Klangschale, gewinnt der Körper die Möglichkeit, sich wieder auf seine eigene, ungestörte Frequenz einzustimmen."

Eva Raly Jansen

„Nicht die Glocke klingt, sondern das Klingen webt."
Rudolf Steiner

Wandern Sie im Raum umher und suchen Sie einen Ort, an dem Sie gleichsam ganz im Klang stehen.
Schließen Sie die Augen und lauschen Sie, woher der Ton kommt.
Setzen Sie sich bequem im Schneidersitz in die Schale und berühren Sie dabei das Gefäß so wenig wie möglich. Nun versetzt Ihr Partner die Schale durch leichtes „Umreiben" in Schwingung.

Die Klingenden Hölzer

Jedes Anklopfen bringt einen Klang hervor. Je nach Länge, Stärke und Holzart ändert sich der Klang. Eine „Holzmusik" erklingt, wenn wir miteinander klopfen – wechselnd, gleichzeitig, verstärkend oder gegenläufig.
Wir beachten Farbe, Maserung, Härte und Gewicht der Hölzer.
Bei entsprechender Anordnung (nach Farbe, Härte, ...) hören wir die entsprechenden Tonleitern.

Novalis
(Frhr. Friedrich von Hardenberg)
1772 – 1801

Ach, daß der Mensch die innere Musik der Natur verstände und einen Sinn für die äußere Harmonie hätte! Der Mensch: Er sei ein Selbstwerkzeug.

Natur und Kunst

Natur und Kunst, sie scheinen sich zu fliehen
Und haben sich, eh man es denkt, gefunden;
Der Widerwille ist auch mir verschwunden,
Und beide scheinen gleich mich anzuziehen.

Es gilt wohl nur ein redliches Bemühen!
Und wenn wir erst in abgemeßnen Stunden
Mit Geist und Fleiß uns an die kunst gebunden,
Mag frei Natur im Herzen wieder glühen.

So ist's mit aller Bildung auch beschaffen:
Vergebens werden ungebundne Geister
Nach der Vollendung reiner Höhe streben.

Wer Großes will, muß sich zusammenraffen;
In der Beschrämkung zeigt sich erst der Meister,
Und das Gesetz nur kann uns Freiheit geben.

Goethe

Goethe

Freut euch
des wahren
Scheins,
euch des ernsten
Spieles.
Kein Lebendiges
ist Eins,
immer ist es ein
Vieles.

Das Riechen

„Der denkende Mensch erlebt es immer wieder als schmerzlich, daß ihm gerade die Unmittelbarkeit des Erlebens und Empfindens zerstört und daß ihn sein Wahrnehmen unerbittlich von den Objekten seiner Wahrnehmung trennt.
In unseren Geruchsempfindungen jedoch, in den Erfahrungen dieses archaisch gebliebenen Sinnes, lebt die Unmittelbarkeit des Erlebens und das Gefühl der Einheit mit dem Wahrgenommenen weiter.
Geruchserinnerungen sind der magische Teppich, der uns in einem Augenblick in die paradiesisch unreflektierte Welt der Kindheit zurückträgt."

J. Stephan Jellinek

„Das Riechen ist die Kraft, mit der sich Menschen und Tiere in der Welt chemischer Reize orientieren, in die wir eingebettet sind. In der langen Geschichte von 500 Millionen Jahren Evolution war es der Geruchssinn, der dem Gehirn ein wichtiges Fenster zur Welt geöffnet hat, indem er es darüber informierte, was ein Lebewesen essen kann und was es zu meiden hat. An die Rezeptoren in der Nase angeschlossen, entwickelte das Gehirn die Fähigkeit, die von den Rezeptoren gemel-

Der Riech-Sinn

von allen Sinnesorganen ist er der ursprünglichste.

Das Organ, mit dem der Mensch seine im eigentlichen Sinn menschlichste Leistung vollbringt, ist das **Denkhirn**. Es ging aus dem Riechhirn hervor. Es scheint **sieben** verschiedene Arten von Duftmolekülen zu geben, deren Zusammenspiel alle Gerüche bestimmt.

deten Reize zu analysieren, die wichtigen Duftstoffe zu identifizieren und als Signale zu erkennen, sie entlang ihrer Konzentrationslinien zu verfolgen und so ihre Quelle ausfindig zu machen – die Voraussetzung für Einverleibung oder Vermeidung. Bei den primitiven Wirbeltieren machte das Riechhirn den größten Teil des gesamten Gehirns aus, und die neuralen Mechanismen zur Verarbeitung der Sinnesreize, die sich dabei entwickelten, waren das Modell für die Entwicklung anderer Sinne wie Tastsinn, Sehsinn und Gehör. Trotz seiner ungeheuren Komplexität und Leistungsfähigkeit organisiert sich das menschliche Gehirn noch immer um das olfaktorische System. Die beste Möglichkeit, um uns Menschen als Lebewesen zu verstehen, die sich in einer biologischen Welt bewegen, bietet die Erforschung des Geruchssinnes und seines direkten Einflusses auf die Zentren des Gefühlslebens und der Vorstellungskraft im limbischen System; dieses entwickelte sich gleichzeitig mit der Entstehung und Verfeinerung aller Verhaltensweisen, die unseren frühen Vorfahren zur Reproduktion, zur Nahrungsaufnahme und zur Verteidigung dienten."

Walter J. Freeman

Die Geruchsorgel

Palmström baut sich eine Geruchs-Orgel
und spielt drauf v. Korfs Nieswurz-Sonate.

Diese beginnt mit Alpenkräuter-Triolen
und erfreut durch eine Akazien-Arie.

Doch im Scherzo, plötzlich und unerwartet,
zwischen Tuberosen und Eukalyptus,

folgen die drei berühmten Nieswurz-Stellen,
welche der Sonate den Namen geben.

Palmström fällt bei diesen Ha-Cis-Synkopen
jedesmal beinahe vom Sessel, während

Korf daheim, am sichern Schreibtisch sitzend,
Opus hinter Opus aufs Papier wirft …

                          Christian Morgenstern

Die Tastgalerie

„Als ich noch meine Augen hatte, waren meine Finger steif und am Ende der Hände halb abgestorben, gerade recht, die Bewegung des Greifens auszuführen. Jetzt hatte jeder von ihnen seine Initiative. Sie wanderten einzeln über die Dinge, spielten gegeneinander und machten sich, unabhängig voneinander, schwer oder leicht. (…) Doch es gab Wichtigeres als die Bewegung: den Druck (…) Wenn jeder meiner Finger verschieden stark gegen die Rundung eines Apfels drückte, wußte ich bald nicht mehr, ob der Apfel schwer war oder meine Finger. Ich wußte nicht einmal mehr, ob ich ihn berührte oder er mich. Ich war ein Teil des Apfels geworden und der Apfel ein Teil von mir. (…)

Auf diese Art – die richtige Art – die Tomaten im Garten zu befühlen, die Hausmauer, den Vorhangstoff oder einen Erdklumpen, heißt, sie zu sehen, wie es Augen vermögen; mehr noch: es heißt, sich auf sie einzustellen, gleichsam den elektrischen Strom, mit dem wir geladen sind, anzuschließen, anders ausgedrückt, nicht mehr vor den Dingen zu leben, sondern zu beginnen, mit ihnen zu leben; es heißt – so schockierend das Wort auch scheinen mag: zu lieben. Die Hände müssen das, was sie richtig berührt haben, lieben."

Jaques Lusseyran, „Das wiedergefundene Licht"

Tast=galerie:
Hände: tastend, greifend,
spielend, heilend
und vor allem und
in allem: sprechend.

Spitz

Schleim
EKEL

Zärtlich

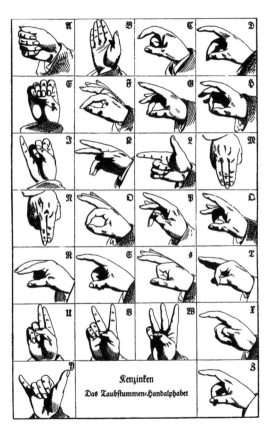

Das Alphabet der Gebärdensprache

Immanuel Kant
1724 – 1804

Die Hand ist das äußere Gehirn des Menschen.

Das große Spüreisen

Die Eisenstange ist so aufgehängt, daß sich ihre Lage auf den Nord- und Südpol einpendeln kann. Jeder Windstoß bringt den Stab aus seiner Lage ... Jedoch: Gleichnamige Pole stoßen sich ab, ungleichnamige ziehen sich an und der Stab kehrt in seine Ausgangslage zurück.

„Der Magnet ist ein Urphänomen, das man nur aussprechen darf, um es erklärt zu haben; dadurch wird es denn auch ein Symbol für alles übrige, wofür wir keine Worte noch Namen zu suchen brauchen."
                Goethe, Naturwiss. Schriften, 4.Abteilung

„Immer schon hatte ich eine Geringschätzung gehabt für diese kleinen Magnetnadeln, wie sie mit ihren zugespitzten Enden so schnell und dienstfertig die vorgeschriebene Haltung annehmen, dabei aber trotz aller Bereitwilligkeit von weitem nicht gesehen werden können. Ohne diese Abneigung ganz zu durchschauen, eigentlich nur, weil mir die Nadeln zu klein schienen, kam ich auf den Gedanken, einmal eine ganz große zu machen, als mir ein fast einen Meter langes Stahlblatt in die Hand fiel. Ob es wohl magnetisiert, aufgehängt oder auf eine Spitze gesetzt, dem Ruf des magnetischen Erdfeldes folgen würde? Die langen Hebelarme, das große Drehmoment ließen es hoffen, trotz der erhöhten Reibung. Das säbelartig breite Blatt wurde einem Elektromagneten ausgeliefert und so zum Magneten gemacht.

Ich krümme es nun zu einem leichten Bogen, daß der Schwerpunkt tief kommt, und setze es ausbalanciert auf die Spitze eines Nagels. Ich drehe es in die Ost-West-Richtung, damit es dem Erdfeld recht deutlich in die Quere kommt und ihm lange Hebelarme anbietet, beruhige es zu vollem Stillstand, lasse los und warte.

Es hängt unbeweglich, passiv, und mit seinen ergeben niedergebeugten Enden wie horchend da. Ob der ferne kanadische Pol es erreicht, und sein noch fernerer arktischer Bruder? Ob es empfindlich genug ist, das Gefälle zu spüren, das, zwischen ihnen ausgespannt, uns alle durchdringt, auch uns magnetisch Unbegabte, daß wir uns ein Bild machen müssen und uns feine graue Fäden ausdenken, die wie parallele Telegraphendrähte zwischen Nord und Süd gespannt dieses Zimmer und die Stadt, das ganze weite Land, Wald und Feld, durchspinnen, deren Existenz aber nichts anderes ist als dies: allerorten dieses pünktliche Gehorchen solcher, in ihrer Beweglichkeit befreiter und begünstigter Magnete, wie dieses Stahlband einer ist, dessen Einschwenken wir jetzt erwarten." Martin Wagenschein, 1951

Die umkippende Perspektive

Ist das Eckgebilde ein vorspringender Balkon oder eine zurückspringende Nische? Oder schaue ich in einen Raumwinkel, in dem ein Würfelgebilde hängt?
Ich sehe eine Versammlung geometrischer Flächen. Was es nun ist, ist nicht entscheidbar und steht auch nicht zur Entscheidung.
„In diesem fortgesetzten Vor und Zurück, Hin und Her vollzieht sich, hier ungewöhnlich deutlich, das Sehen überhaupt." Hugo Kükelhaus

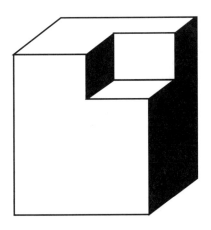

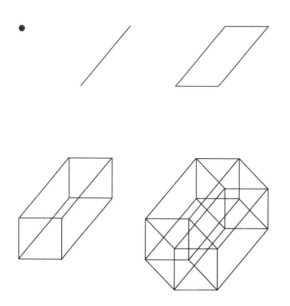

Durch Verschiebung eines Punktes entsteht eine Gerade, durch Bewegung einer Geraden entsteht eine Fläche. Wird diese verschoben, bildet sich ein Körper. Führt man dieses Prinzip weiter und verschiebt den Körper jeweils in seinen Raumrichtungen, so hat man den vierdimensionalen Körper vor sich.

Notizen

Anhang

1. „Geleit zum Versuchsfeld der Organerfahrung",
   Hugo Kükelhaus

2. „Die 12 Sinne des Menschen",
   Rudolf Steiner, Sommer 1921

3. Lageplan des Schlosses Freudenberg

4. „Das ganze Unternehmen hat den Charakter eines Gesamt-Theaters", Hugo Kükelhaus

5. Literaturempfehlungen - wie kann ich mich vorbereiten?

Anhang 1

> Geleit zum
> Versuchsfeld der Organerfahrung
> > von Hugo Kükelhaus,

in dem der Besucher während eines Rundgangs durch 35 Stationen dazu gelangt, spielend zu erfahren,

> I. wie

das Auge sieht, das Ohr hört, die Nase riecht, die Haut fühlt, die Finger tasten, der Fuß (ver-)steht, die Hand (be-)greift, das Gehirn denkt, die Lunge atmet, das Blut pulst, der Körper schwingt, und

> II. daß

die Wahrung der Gesetze der eigenen Natur den Menschen befähigt, in den Erscheinungen der äußeren Natur die gleiche Gesetzlichkeit sowohl wahrzunehmen als auch zu wahren.

Geleit zum Versuchsfeld der Organerfahrung
von Hugo Kükelhaus,

in dem der Besucher während eines Rundgangs durch 35 Stationen dazu gelangt, spielend zu erfahren,

I Wie

das Auge sieht. Das Ohr hört. Die Nase riecht. Die Haut fühlt. Die Finger tasten. Der Fuß (versteht). Die Hand (be)greift. Das Gehirn denkt. Die Lunge atmet. Das Blut pulst. Der Körper schwingt.

und II Daß

die Wahrung der Gesetze der eigenen Natur des Menschen befähigt, in den Erscheinungen der äußeren Natur die gleiche Gesetzlichkeit sowohl wahrzunehmen als auch zu wahren.

Anhang 2
„Die 12 Sinne des Menschen",
Rudolf Steiner, Sommer 1921

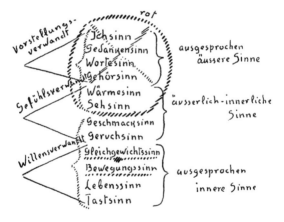

Sprechsinn · Hörsinn · Sehsinn · Geschmackssinn · Geruchssinn · Tastsinn · Bewegungssinn · Gleichgewichtssinn · Lebenssinn · Wärmesinn · Ichsinn · Denksinn

R. Steiner
Die zwölf Sinne des Menschen

Anhang 3
Lageplan des Schlosses Freudenberg

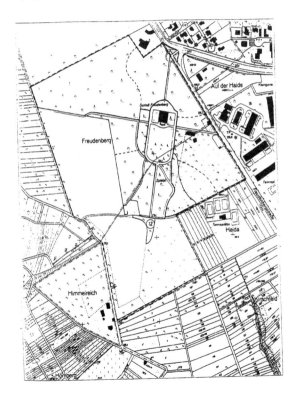

Anhang 4
„Das ganze Unternehmen hat den Charakter eines Gesamt-Theaters", Hugo Kükelhaus

> Das ganze Unternehmen hat den Charakter eines Gesamt=Theaters, in dem der Besucher zugleich in einer Person Autor Regisseur Schauspieler und Zuschauer ist. Utopia

Anhang 5:
Literaturempfehlungen – wie kann ich mich vorbereiten?

Anne Barth,
Lebenszeugnisse, Hugo Kükelhaus;
Arbeitskreis Organismus und Technik 1987
18.- DM
Übersicht über Kükelhaus' Schaffen und Lebensstationen mit zahlreichen Fotos und Originalzeichnungen.

Hugo Kükelhaus,
Dennoch heute;
Eigenverlag 1983
33.- DM (nur im Schloß Freudenberg erhältlich)
Ermutigung, Mahnung und Orientierung zugleich. Kükelhaus entwickelt sein Erfahrungsfeld und führt den Leser zu den Quellen seiner Anschauung der Welt: Das Haus, die Tür, der Tisch, der Stuhl, das Werkzeug, die Haltung …

Hugo Kükelhaus,
Entfaltung der Sinne;
Fischer TB 1991
16.90 DM
Ein erster Entwurf für eine bleibende Stätte der Wahrnehmung für ein Schloß und einen Schloßpark am Rande des Ruhrgebietes.
Diese Pläne blieben unverwirklicht, bis die Idee eines ständigen Erfahrungsfeldes auf dem Freudenberg ihren Nährboden fand.

Inhaltsverzeichnis

Einleitung 3
Der Feldweg
Schaukeln im Duett 6
Im Gleichgewicht 8
Erfahrungsfeld Geomantie 10
Der Lagerplatz 12
Das Tor zum Rheingau 14
Auf den Punkt gebracht 16
Der Stehdreher 16
Der Barfußweg 18
Das Summ=Loch 22
Das Bauen ist der Bau
Treppen 26
Wandvertäfelungen 28
Stuck 30
Fenstergriffe 31
Sonnenwende 32
Wand- und Deckenfarben 32
Paul Schultze-Naumburg 34
Lehrbaustelle Schloß Freudenberg 37
Leben ist Schwingung
Die Impulskugelreihe 42
Das Dreizeitenpendel 44
Die gekoppelte Schwingung 45
Das Fadenpendel 46
Die Strömungstafel 48

Die Reise zum Regenbogen

Das Licht scheint in der Finsternis 54
Goethes Farbenlehre: Abendrot und Himmelsblau 56
Farbige Schatten 60
Die prismatischen Farben 62
Farbige Nachbilder 64
Licht und Schatten 66
Stell Dir vor, Du wärest blind! 68
Die Dunkelbar 70
Die drehenden Scheiben 74

Wer nicht hören will muß fühlen

Das Monochord des Pythagoras 80
Malen mit Tönen 84
Die Leibwirksamkeit von Schallwellen 86
Die chinesische Tempelglocke 88
Die klingenden Hölzer 90

Ad libidum

Das Riechen 94
Die Tastgalerie 98
Das große Spüreisen 102
Die umkippende Perspektive 104

Anhang

Geleit zum Versuchsfeld zur Organerfahrung 108
Die 12 Sinne des Menschen 110
Lageplan des Schlosses 112
Das Unternehmen als Gesamt-Theater 113
Literaturempfehlungen 114